L'ÉTIQUETTE
DU DATING
NOUVELLE ÉDITION

Jean-Marc Larouche

L'ÉTIQUETTE
DU DATING
NOUVELLE ÉDITION

Les Éditions Lunch Club

Catalogage avant publication de Bibliothèque et Archives Canada

Larouche, Jean-Marc, 20..,
L'étiquette du *dating* - Nouvelle Édition

ISBN : 978-2-9811426-0-3

Dépôt légal : 4e trimestre 2009
Bibliothèque et Archives nationales du Québec

© Les Éditions Lunch Club

Les Édition Lunch Club
1217, avenue Bernard Ouest, bureau 212
Outremont (Québec) H2V 1V7

Téléphone : 514 278.9004
Télécopieur : 514 278.5459

Imprimé au Canada

Afin d'alléger le texte, veuillez noter que nous avons utilisé le genre masculin. À moins que nous en ayons fait la mention contraire, les astuces relatives à l'étiquette s'appliquent autant aux femmes qu'aux hommes.

Si vous trouvez quelqu'un qui a 85 % de ce que vous recherchez chez le partenaire idéal, courrez – ne marchez pas – jusqu'à l'autel et mariez-le tout de suite !

Sommaire

© L'ÉTIQUETTE DU DATING

À votre charme naturel et à tout ce que vous êtes et que vous possédez, ajoutez les bonnes manières.

« J'ai passé une
très belle soirée ! »

N'est-il pas agréable de savoir que quelqu'un est reconnaissant d'avoir passé un bon moment en votre compagnie ?

Normalement, vous ne recevrez pas un tel compliment parce que vous êtes riche, vous avez une belle apparence ou seulement pour vos beaux yeux.

Vous possédez probablement certains attraits physiques ou des acquis socialement reconnus comme une belle voiture, des bijoux, une charmante demeure, des vêtements à la mode, etc. Malgré tout, votre apparence physique et vos avoirs ne vous conduiront pas nécessairement vers le « bon temps » que vous souhaitez passer avec quelqu'un, sauf si la personne qui vous accompagne s'intéresse réellement à qui vous êtes. Si les gens s'intéressent à vous seulement pour votre corps ou vos biens matériels, c'est parce que vous répondez à des critères superficiels. Qui vous « êtes » n'a aucune valeur à leurs yeux ! Ce qui les intéresse est tout ce qu'il y a autour de vous, des caractéristiques tangibles – en passant, ces caractéristiques sont sujettes au changement, sans préavis, au fil des ans !

Si vous vous intéressez à quelqu'un qui travaille trop, qui pense juste à lui et qui ne veut pas faire d'efforts pour changer, vous risquez de vous lier avec quelqu'un qui travaille trop et qui pense juste à lui.

Comment attirer quelqu'un pour le meilleur?

À votre charme naturel et tout ce que vous possédez, ajoutez les bonnes manières. Tout simplement. En vous souciant du bien-être de l'autre et en ayant une bonne attitude, vous installerez ainsi les bases du « bon temps » que vous recherchez en bonne compagnie. Une tenue adéquate pour l'occasion, un choix de sortie qui reflète la relation que vous entretenez avec l'autre et un comportement approprié à l'environnement social où vous vous retrouvez ensemble vont contribuer au succès de votre rencontre.

Donnez le ton au climat de vos rencontres

Ce livre vous propose de vous aider à créer des rencontres stimulantes, même si vous décidez plus tard de ne pas poursuivre la relation. L'avantage de procurer du bon temps à quelqu'un est que, au passage, il est probable que vous aussi en profitiez! Et rappelez-vous que les gestes en disent plus que les mots. Personne ne peut deviner si la chimie va se produire entre deux êtres lors d'une première rencontre. Cependant, vos bonnes manières en diront long sur vous : l'autre saura que vous pouvez lui offrir « du bon temps » et que vous êtes peut-être même « la bonne personne » qu'il recherche.

Bienvenue dans l'univers de l'étiquette du dating!

L'étiquette
de la séduction

Jadis, les jeunes filles de bonne famille devaient passer par l'école ducharme. Les jeunes hommes, quant à eux, apprenaient à devenir de parfaits gentlemen en suivant leurs pères au club, puis peaufinaient leurs manières au collège. Les temps ayant bien changé, l'étiquette n'est que rarement enseignée.

Heureusement, ce petit guide sur l'étiquette du *dating* vous fera découvrir (ou redécouvrir) les règles à respecter lorsque vous faites de nouvelles rencontres amoureuses. De quoi faire augmenter les chances qu'une relation prometteuse et stimulante prenne forme.

Intermezzo Montréal souhaite de tout coeur que vous appréciez cet outil convivial et que, une fois maîtrisées, les bonnes manières accompagnent la spontanéité et la sensibilité – même masculine – qui vous habitent. Posologie sur l'étiquette : à prendre avec un brin d'humour.

Bonne lecture !

Jean-Marc Larouche
Président Intermezzo Montréal

Même si elles sont très belles,
les femmes aussi sont nerveuses
avant une rencontre.

Choisissez de faire
bonne impression

Chez Intermezzo Montréal, notre expérience nous a démontré, au fil des ans, que quelques conseils bien compris suffisent pour avoir plus de plaisir à rencontrer de nouvelles personnes et à augmenter indiscutablement vos chances de succès. Sans modifier votre personnalité, vous pouvez simplement intégrer les bonnes manières à votre quotidien et gagner de la confiance.

1. Difficiles, les bonnes rencontres ?

Pourquoi choisir de faire bonne impression ?

Pourquoi est-ce si difficile de rencontrer quelqu'un de nos jours ? Depuis que les humains existent, le désir sexuel, l'instinct de reproduction et le besoin d'établir des relations avec d'autres personnes sont inscrits dans leur code génétique. Au XXIe siècle, la difficulté de combler ces besoins est devenue un enjeu majeur. Mais qu'est-ce qui a changé ? La vie au travail est plus stressante, les liens familiaux sont souvent moins forts, les gens sont de plus en plus mobiles et l'esprit de communauté se fait rare – de quoi rendre les rencontres difficiles pour beaucoup de célibataires !

2. La recette du succès

Sans être dogmatiques, les principes que nous avons mis à l'épreuve et enseignés à nos membres ces dernières années relèvent de la bonne conduite. Ceux qui les mettent en pratique se sentent plus confiants dans leurs actions et augmentent ainsi leur attrait auprès des personnes qu'ils rencontrent. Un être courtois et sûr de lui n'est-il pas plus séduisant qu'un autre, hésitant et mal élevé ?

Investissez un minimum de temps avant de vous investir totalement

Nous vous conseillons d'investir un minimum de temps, d'argent, d'énergie et d'espoir et de ne pas fermer la porte avant d'avoir rencontré la personne une deuxième fois. Soyez clair dans la planification de votre première rencontre. Nous vous suggérons d'éviter le visionnement de films, car en général, ces derniers ne favorisent pas la conversation. Mieux vaut, lors d'une première rencontre, avoir fixé un horaire précis, avec un moment de début et un moment de fin. La durée ne devrait jamais excéder une heure. Et tenez-vous-en à l'horaire fixé au préalable entre vous.

La pire erreur ?

Prendre les choses trop au sérieux. Oui, la recherche d'un partenaire de vie est un projet qu'on ne prend pas à la légère, mais les célibataires ont souvent des attentes trop élevées. Ils pratiquent l'interprétation intense des agissements et des paroles de la personne rencontrée. Restez honnête, évitez de spéculer, tenez votre parole : si vous dites que vous allez appeler ou écrire, faites-le !. Soyez toujours respectueux et ayez le courage d'explorer, d'être vulnérable, soyez courtois, restez ouvert d'esprit, ayez le cœur libre. Amusez-vous, assurez vous simplement que la personne que vous rencontrez passera un bon moment en votre compagnie.

Miser sur un minimum de deux rencontres

Nos réactions à court terme ne sont pas toujours garantes du succès d'une relation à long terme. C'est pourquoi nous vous conseillons de rencontrer toute nouvelle personne au moins deux fois avant de décider de l'orientation de la relation. Même si la personne ne concorde pas avec le potentiel relationnel recherché, vous pourriez tout de même en apprendre sur vous-même, vos besoins et vos désirs.

Intermezzo
montréal

Vous avez appelé et laissé un message : le retour d'appel tarde…

Premièrement, assurez-vous que vous avez bien laissé vos coordonnées sur le message. Quand quelqu'un fait les premiers pas pour vous rejoindre, honorez son initiative et retournez l'appel. C'est une marque de respect et d'intérêt.

Évitez de vous plaindre

Ne vous plaignez pas à propos de vos ex-partenaires, de vos enfants, de vos parents, de quelqu'un que vous avez rencontré. Vous pourriez laisser une impression d'échec. Il est futile de critiquer ou de vous plaindre à une personne qui ne peut rien y faire.

Soyez authentique

Évitez le mensonge et les tromperies. Si vous décidez de poursuivre la relation avec cette personne, vous devrez éventuellement vous montrer tel que vous êtes. Il vaut mieux dire la vérité au sujet de vous-même dès le départ. Cependant, être authentique ne veut pas dire tout dévoiler à propos de vous.

Prenez votre temps

Rien ne presse pour apprendre à connaître l'autre. Vous cherchez, avec cette nouvelle relation à accroître votre sentiment de confort et d'intimité. Permettez-vous de découvrir progressivement et sainement l'univers de l'autre. Et même si la personne vous inspire confiance, soyez prudent dans la divulgation d'éléments identitaires et confidentiels qui vous concernent. Au début, une discussion détachée, de niveau superficiel, vous permettra d'en apprendre suffisamment sur votre nouveau partenaire avant de choisir de partager de l'information plus personnelle.

Les actions parlent plus fort que les mots

Vous êtes à une première sortie avec quelqu'un qui vous traite de façon exemplaire, mais qui manque de respect au serveur. Sachez reconnaître les individus qui présentent cette caractéristique, vous vous sauverez du temps et de l'énergie pour trouver le bon partenaire. En reconnaissant que les actions évoquent souvent davantage que les mots, vous aurez plus de succès dans vos recherches. Quand les actions sont contraires aux paroles, soyez prudent.

Le passé n'est pas toujours garant du futur

Nous vous suggérons fortement de vivre vos relations en fonction du présent et du futur, et non en fonction du passé. Par exemple, si vous rencontrez une personne qui porte le même prénom ou fait le même métier qu'une ancienne relation, cela n'est pas un mauvais présage. Soyez positif, car rien ne laisse supposer que ce ne serait pas une bonne personne pour vous. Laissez la chance au coureur ! Et surtout, n'oubliez pas que tout comme vous, cette personne gagne à être connue. 😐

Intermezzo
montréal

Les femmes ont besoin
de savoir dans quelle
direction la relation s'en va.
Les hommes eux,
ne savent même pas
qu'il y a une direction

La première rencontre

Chez Intermezzo Montréal, vos rencontres ont été encouragées par une relationniste qui connaît bien votre personnalité et le type de personne que vous aimeriez rencontrer. Il n'en demeure pas moins que vos sentiments à l'égard de l'autre, eux, ne peuvent être programmés. Pour plaire et pour séduire dès les premiers instants, favorisez la détente et la discussion. La magie de l'union entre deux âmes compatibles pourra ensuite agir.

1. Se préparer à faire bonne impression

Impossible d'avoir une deuxième chance de réussir une première impression. Et puisque la première impression teintera votre relation à venir – ou, du moins, votre premier rendez-vous – prenez le temps nécessaire pour préparer votre première rencontre afin que le lieu choisi et votre tenue vestimentaire illustrent bien la personne que vous êtes réellement : un être charmant ! Surtout, réservez une table pour éviter de vous river le nez sur une porte close ou un café plein à craquer.

Nomme-moi tes endroits chouchous et je te dirai qui tu es

Le choix de l'endroit est important, car il véhicule des messages sur votre personnalité, vos goûts et votre mode de vie. Que vous optiez pour le bistro du coin ou le bar tendance du centre-ville, choisissez un endroit public neutre où ni l'un ni l'autre ne sont trop connus, évitant ainsi d'être interrompus ou gênés par des regards familiers. Usez de délicatesse en proposant deux options à votre invité et en lui offrant la possibilité de faire une troisième suggestion. Surtout si vous êtes un homme invitant une femme, le lieu de rencontre doit être assez achalandé pour que madame se sente en sécurité, mais pas suffisamment bruyant pour nuire à la conversation. Comme vous ne connaissez pas l'autre personne, une formule lunch ou 5 à 7 est sans doute un choix judicieux. Vous pourrez ainsi clore le dossier rapido presto si votre invité porte des bas blancs dans ses sandales. Il est aussi préférable de choisir un restaurant dont le menu est assez varié, sauf si vous avez déjà discuté ensemble de vos préférences culinaires.

Inutile d'épater la galerie à tout prix

Les prix de l'établissement choisi doivent correspondre à votre budget. Vous ne connaissez pas les goûts de votre invité et vous devez être à l'aise de payer l'addition, peu importe le plat sur lequel il arrête son choix. Choisir un restaurant qui ne correspond pas à son budget est le meilleur moyen d'être faux et surtout, très tendu.

Personnel peu courtois. Test d'humour 101.

Pour que le moment soit agréable et que votre invité soit détendu, choisissez un endroit où vous serez bien accueillis et bien servis… à moins que vous ne souhaitiez tester la susceptibilité ou l'humour de votre invité.

Vos vêtements prennent la parole

La manière dont vous vous habillerez transmettra des messages importants à propos de qui vous êtes. Il est donc préférable d'opter pour l'authenticité d'une tenue qui reflète bien votre personnalité. Gardez les tenues excentriques pour plus tard. Vous pourrez toujours révéler d'autres facettes de votre personnalité de façon plus manifeste au fil des rencontres. La semaine, pour un repas du midi ou un 5 à 7, votre tenue de bureau est parfaite. La fin de semaine, pour un petit déjeuner ou un café du dimanche après-midi, une tenue décontractée ou sport chic est de mise, en fonction de l'endroit choisi. La règle d'or est de porter des vêtements dans lesquels vous vous sentez à l'aise.

Ce midi, on mange du patchouli

Un parfum trop prononcé peut être désagréable, surtout au restaurant. Parfumez-vous avec parcimonie, car trop de parfum pourrait vous nuire plutôt que vous aider.

2. Le premier contact

Après les premières secondes d'une rencontre, les partenaires savent déjà s'ils souhaitent ou non se revoir. Pour l'instant, votre sourire est votre arme la plus puissante. La première rencontre n'est vraiment pas le moment propice pour étaler vos succès et vos réussites. Au contraire, pratiquez l'écoute active, soyez détendu et favorisez le dialogue.

Arriver en premier pour partir du bon pied

Lorsque <u>vous</u> fixez un rendez-vous à quelqu'un, il est primordial que <u>vous</u> soyez présent lors de son arrivé afin de l'accueillir et de lui démontrer que le rendez-vous est important pour vous. En arrivant à l'avance, vous pourrez choisir une table où vous serez à l'aise de discuter sans trop de distractions tout en évitant de vous placer près de l'entrée, de la cuisine ou des toilettes. Le va-et-vient constant, les courants d'air et les odeurs désagréables seront nuisibles au bon déroulement de votre entretien.

Si vous avez fait une réservation, arrivez une dizaine de minutes à l'avance. Si vous êtes invité, arrivez idéalement quelques minutes avant l'heure du rendez-vous, mais pas trop en avance. N'ayez jamais plus de dix minutes de retard. Si vous êtes en retard, avisez directement votre partenaire par cellulaire, ou message texte ou appelez au restaurant.

Asseyez-vous face à face pour mieux observer le langage non verbal de votre invité et pour établir un contact visuel direct. L'homme doit toujours céder la meilleure place à la femme, soit celle qui fait face à l'ensemble du restaurant.

Le téléphone cellulaire : un manque de respect

Votre téléphone cellulaire doit absolument être fermé durant toute la durée de votre rendez-vous. Recevoir des appels ou des messages textes créent de la distance entre vous. Vous avez travaillé fort pour vous rapprocher ; il serait bête de perdre le momentum pour prendre l'appel de votre femme de ménage.

Il existe de rares exceptions à cette règle. Si un membre de votre famille est très malade et que vous attendez des nouvelles de l'hôpital, avertissez votre invité qu'il se peut que vous receviez un appel urgent à ce propos. Mettez alors votre téléphone en mode vibration. Lorsque l'appel entre, excusez-vous, levez-vous et prenez votre appel hors de la portée auditive de votre invité.

Le cellulaire, comme tout autre objet personnel d'ailleurs, ne doit jamais être déposé sur la table. Madame doit déposer son sac à main par terre, près de ses pieds, ou le suspendre au dossier de la chaise, particulièrement l'hiver !

Laissez votre téléphone mobile ouvert jusqu'à ce que votre invité arrive. Cela vous permettra de prendre son appel en cas de retard.

Si vous possédez une boîte vocale, assurez-vous d'avoir un message sympathique et invitant, clair et explicite sur votre identité. Un exemple : « Bonjour, vous avez joint la boîte vocale de Sarah, je ne peux prendre votre appel pour le moment, laissez-moi votre nom et le numéro où je peux vous joindre. Il me fera plaisir de vous rappeler ! »

Si vous laissez un message et que vous ne recevez pas de retour d'appel, ne sautez pas aux conclusions. Personne n'est à l'abri de l'oubli de retourner un appel ou pire, de l'erreur accidentelle d'effacer un message plutôt que de le conserver. Avant de sauter aux conclusions, nous vous suggérons d'appeler une deuxième fois la personne, ou alors de lui envoyer un courriel.

Commander en attendant ?

Boire ou manger en attendant votre invité pourrait être embarrassant pour lui, car cela signifie qu'il s'est fait attendre. Évitez aussi de faire un commentaire sur son retard. À partir de 15 minutes de retard de l'autre, les règles de l'étiquette dictent que vous pouvez commander, surtout le midi. À partir de 30 minutes de retard et sans nouvelles, vous pouvez quitter la table.

Intermezzo
montréal

Les premiers instants

Lorsque votre invité arrive, levez-vous et accueillez-le en lui serrant la main et en souriant. Le sourire est contagieux. Il démontre de l'ouverture, de l'accessibilité et de la bonne humeur. Il rendra le premier rapport plus sympathique et encouragera le dialogue. Gardez le baiser – sur la joue, il va sans dire – pour la deuxième rencontre. N'oubliez pas qu'il y a quelques instants, vous n'aviez jamais vu cette personne.

Si vous êtes un homme, démontrez vos bonnes manières en aidant madame à retirer son manteau. Tirez ensuite sa chaise pour qu'elle s'assoie. Si le serveur le fait à votre place, attendez qu'elle soit assise avant de vous asseoir à votre tour.

Si vous êtes dans un café, offrez d'aller chercher les cafés et les accompagnements si c'est vous qui invitez et payez la note pour les deux.

L'art de la conversation

Le but d'une première rencontre est de faire connaissance. Posez des questions ouvertes afin d'encourager la conversation. Évitez les sujets trop personnels ou délicats tels que l'âge, le salaire, la religion, la politique, etc. Attention à l'interrogatoire… Partagez un bon moment et ne jouez pas la relation dès le départ. Il y a des étapes à franchir qui demandent du temps.

Portez de l'intérêt à l'autre. Sachez écouter attentivement ce que l'autre vous raconte afin d'enrichir cette même conversation avec des éléments complémentaires. Ne ramenez pas toujours la conversation à vous. Laissez l'autre personne parler de ses propres expériences et démontrez de l'intérêt. Soyez réceptif et ouvert.

3. Terminer sur une note positive

Faire la bise ou serrer la main ? Qui devrait régler l'addition ? Est-ce bien vu de tenter un rapprochement sexuel dès le premier rendez-vous ? Découvrez autant de questions intéressantes que de réponses surprenantes !

Un moment délicat : l'addition

Pour éviter toute ambiguïté, l'étiquette contemporaine recommande de partager la facture des biens consommés lors de la première rencontre, sauf dans le cas d'un café où l'un des partenaires aura déjà payé.

Mettre fin à la première rencontre

Remerciez la personne d'avoir accepté de vous rencontrer. Si vous êtes un homme, levez-vous en premier et tirez la chaise de madame. Si elle portait un manteau, allez le chercher et aidez-la à l'enfiler. Ouvrez-lui la porte de l'établissement.

Même si la première rencontre n'a pas été à la hauteur de vos attentes, soyez chaleureux en remerciant l'autre personne à la fin de la rencontre. Si vous n'avez pas l'intention de la revoir, ne faites pas de promesses en ce sens. Si vous désirez la revoir, demandez la permission de la rappeler au moment de vous quitter. Elle semble hésitante ou négative à cette idée ? N'insistez pas.

Tenter un rapprochement ?

Toucher la main ou le bras de quelqu'un lors d'une conversation démontre de l'intérêt pour une relation plus intime, voire sexuelle. Même si la personne vous plaît beaucoup, il est préférable de se connaître davantage avant de se lancer dans des gestes intimes.

Le contact a été des plus positifs ? Vous pouvez faire la bise d'au revoir si vous sentez que votre invité est réceptif. En cas de doute, tenez vous-en à la poignée de main.

Raccompagner votre invité

Si vous êtes un homme, accompagnez madame jusqu'à sa voiture à moins que celle-ci ne s'y oppose de façon insistante. Vous pouvez ouvrir sa portière. Attendez qu'elle démarre sa voiture pour quitter les lieux. Madame doit prendre un taxi ? Hélez-le pour elle et ouvrez la portière arrière côté trottoir. Aidez-la ensuite à monter dans le taxi, refermez la portière et attendez que le taxi soit parti pour poursuivre votre route.

La personne présentée ne correspond vraiment pas à ce que je recherche

Que ce soit au téléphone ou même pendant la première rencontre, il est possible que la personne présentée ne vous intéresse pas. En cas de doute, il faut confronter son opinion. Rencontrez cette personne une fois. Cette rencontre ne vous convainc pas ? Essayez à nouveau. Nous avons vu par le passé des hommes et des femmes sceptiques qui se sont donné cette chance, pour ensuite changer leur perception du tout au tout. La troisième rencontre ne vous convainc toujours pas ? Alors remerciez simplement la personne pour l'agréable moment passé ensemble, soyez honnêtes et dites comment vous vous sentez réellement. Vous voulez garder contact pour vous revoir dans un contexte amical ? Dites-le. Vous ne voulez plus avoir de contact avec cette personne ? Dites-le. Sachez user de tact, soyez poli, franc et respectueux. Ne dites pas que vous allez appeler ou écrire si vous n'avez pas réellement l'intention de le faire.

Il n'y a pas d'intérêt, pas de papillons de votre côté

Restez honnête et respectueux et dites la vérité. Vous avez envie de revoir la personne ? Dites lui. Vous ne voulez pas revoir la personne ou êtes indécis ? Dites simplement que vous ne voyez pas de possibilité qu'un sentiment amoureux se développe entre vous. Il faut prendre le risque d'exposer vos vrais sentiments à l'autre, quels qu'ils soient. Ce n'est pas chose facile de le faire, mais pensez que si la situation était inversée, vous apprécieriez que l'autre ne vous fasse pas perdre votre temps. ⊖

Règle n°2

Vaut mieux annuler votre rendez-vous galant si vous êtes de mauvaise humeur.

Il est malhonnête de rester avec quelqu'un pendant 7 heures si vous n'êtes pas vraiment intéressé.

Le deuxième rendez-vous

Vous avez tâté le pouls et réalisé que l'autre personne avait des intérêts semblables aux vôtres. Elle a même accepté que vous la contactiez à nouveau. Faites-le dans les cinq jours suivant votre rencontre. N'hésitez pas à laisser un message sur la boite vocale : elle vous en sera certainement reconnaissante.

Contrairement à la formule lunch ou celle du 5 à 7 de votre première rencontre, le souper au restaurant est maintenant tout indiqué. Comme vous connaissez un peu mieux l'autre personne, laissez-vous aller avec un choix plus osé pour votre sortie… mais pas dans votre tenue de gala ! Si vous êtes une femme, ce n'est pas encore le temps de dévoiler vos atouts ou de sortir votre décolleté plongeant. Laissez place à l'imagination. Si vous êtes un homme, vous pouvez offrir à votre partenaire d'aller la chercher chez elle ou de vous rejoindre au lieu du rendez-vous.

1. Séduire grâce aux bonnes manières

Les bonnes manières sont très séduisantes. C'est pourquoi, dans les pages à venir, nous nous arrêterons sur une multitude de règles de l'étiquette à adopter, principalement par l'homme.

Vous êtes une femme et les galanteries vous incommodent ? Soyez quand même polie et remerciez monsieur avec un sourire. Messieurs, n'ayez crainte. En général, les femmes accueilleront vos gentillesses avec grand plaisir.

Les apéritifs

On vous offrira un apéritif avant votre repas. Demandez à votre invité s'il en désire un. Si oui, assurez-vous de commander quelque chose pour l'accompagner. Si vous ne buvez pas d'alcool, vous pouvez commander un jus ou de l'eau en bouteille. Évitez de commander un verre d'eau municipale… vous pourriez avoir l'air près de vos sous !

Le menu

Si vous connaissez bien le restaurant, vous pouvez suggérer les spécialités de la maison à votre invité. Sinon, vous pouvez demander au serveur quelles sont les recommandations du chef. S'il vous recommande les oursins[1], soyez sympathique à la cause de votre partenaire et invitez-le à choisir autre chose.

Choisissez un plat de prix moyen si vous êtes l'invité. En optant pour le plat le moins cher, votre hôte croira que vous pensez qu'il n'a pas les moyens de vous sortir. Si vous choisissez le plat le plus cher, votre hôte pourrait penser que vous abusez de sa générosité.

Lorsque le serveur arrive pour prendre votre commande, laissez votre invité parler en premier. Si vous êtes une femme qui invite un homme et que l'homme insiste pour que vous passiez votre commande en premier, remerciez-le et commandez.

La carte des vins

Celui qui reçoit demande à son invité s'il désire boire du vin en mangeant. Dans l'affirmative, vous pouvez suggérer un vin qui se boit bien avec le mets de votre invité. Si vous ne connaissez pas beaucoup les vins, vous pouvez demander au serveur de vous en suggérer un. Lorsque la suggestion est faite, confirmez le choix avec votre invité avant d'acquiescer à la recommandation du serveur. Le serveur voudra faire goûter le vin avant de le servir. Habituellement, la personne qui commande le vin est celle qui le goûte. Le serveur servira alors votre invité et remplira ensuite votre verre. Attendez que le serveur s'éloigne pour porter un toast.

---

1. Oursin : animal échinoderme des fonds marins, à test calcaire globuleux, hérissé de longs piquants mobiles, et dont les glandes reproductrices sont comestibles. – Le Petit Robert

Pendant le repas, si le verre de votre invité est vide, vous pouvez le lui remplir, mais il est préférable que ce soit le serveur qui s'occupe de remplir vos verres.

Il est déplacé de trop boire en présence d'un étranger. Si vous vous apercevez que votre invité a trop bu, ne commandez pas une deuxième bouteille. Assurez-vous qu'il ne prenne pas le volant pour retourner à la maison. Si son comportement devient embarrassant, demandez l'addition et partez.

Le pain

Bien que ce soit une habitude très répandue, vous ne devez pas manger le pain avant d'être servi. Rompez le pain avec les doigts et ne beurrez que la bouchée que vous mangez. Ne beurrez pas tout le morceau à la fois pour y mordre à pleines dents !

La serviette de table

Pliez votre serviette de table en deux et déposez-la sur vos cuisses, le pli vers vous. Rabattez la moitié de la partie du haut vers vous et essuyez-vous les mains et la bouche sur cette partie tout au long du repas. Lorsque vous aurez terminé votre repas, repliez votre serviette de façon à ce qu'on ne voie pas les souillures et déposez-la sur la table. Si vous vous levez durant le repas, déposez votre serviette sur votre siège.

Les ustensiles

Il existe deux méthodes d'utilisation des ustensiles. Chacune des méthodes est acceptable. Par contre, si vous commencez votre repas avec une méthode, ne changez pas en cours de route. La méthode continentale : la fourchette se tient de la main gauche les dents vers le bas et le couteau, de la main droite. Les aliments sont coupés et apportés vers la bouche avec la fourchette tenue de la main gauche, les dents vers le bas. La méthode nord-américaine : les aliments seront coupés de la même façon que la méthode continentale, mais le couteau sera déposé sur le rebord de l'assiette, la fourchette changera de main et les aliments seront portés à la bouche à l'aide de la main droite, les dents vers le haut.

Les ustensiles s'utilisent toujours de l'extérieur vers l'intérieur de l'assiette. L'entrée se mange donc avec les ustensiles placés à l'extérieur.

Une fois que vous utilisez les ustensiles, ils ne doivent plus revenir sur la table. Vous les déposez sur le rebord ou dans votre assiette en tout temps. Si vous prenez une pause durant le repas, placez vos ustensiles en accent circonflexe dans votre assiette. Si vous avez terminé votre repas, placez-les côte à côte, les manches à 16 h.

Un dégât ?

Si l'un de vous renverse un verre d'eau ou de vin, faites signe à votre serveur. Aidez votre invité à s'éloigner de la table si le liquide menace de se répandre. Si le liquide se répand quand même sur votre invité, tendez-lui votre serviette de table pour qu'il éponge lui-même le surplus. Excusez-vous si vous devez vous rendre à la salle de toilette pour réparer les dégâts. Ne laissez pas l'incident devenir le centre de la conversation pour le reste de la soirée. La personne responsable de l'incident se sentira mal à l'aise. Si vous laissez tomber un ustensile, ne le ramassez pas. Demandez à votre serveur d'en ramener un propre. C'est au serveur à se pencher pour le ramasser.

Attirer l'attention du serveur

Si c'est vous qui invitez, vous devez vous assurer du bon déroulement du repas à la table. Quelque chose ne va vraiment pas ? Avisez le serveur discrètement. Ne faites pas de grands éclats pour ne pas mettre votre invité dans l'embarras. Il est préférable de vous lever et de présenter vos doléances en privé. Si vous voulez attirer l'attention de votre serveur, faites un geste discret, sans crier ni gesticuler. S'il ne vous voit pas et qu'il y a longtemps que vous tentez d'attirer son attention, vous pouvez vous lever et aller vers lui.

L'addition

Pour un deuxième rendez-vous, celui qui invite paie l'addition, peu importe si vous êtes une femme ou un homme ! Si vous ne désirez pas payer, conviez simplement la personne au restaurant, mais ne l'invitez pas.

Demandez l'addition discrètement. Faites en sorte que votre invité ne puisse pas voir le montant. Vous pouvez régler l'addition à la table en plaçant votre carte de crédit ou l'argent comptant à l'endroit prévu dans la pochette. Vous placez la pochette sur le bord de la table pour que le serveur puisse la prendre facilement. Lorsque vous signez votre coupon de carte de crédit, faites-le discrètement afin que votre invité ne voit pas le total. Si vous récupérez de la monnaie, laissez le pourboire à l'intérieur de la pochette sans que votre invité voit le montant. Vous pouvez aussi régler l'addition de façon plus discrète en prenant les dispositions nécessaires avec le serveur, à votre arrivée au restaurant.

Si vous choisissez un établissement de confiance, vous pouvez donner votre carte de crédit à l'arrivée et demander au serveur de faire la transaction après le repas. Vous pouvez vous excuser auprès de votre invité et vous rendre à la caisse finaliser la transaction. Le type de restaurant et le repas que vous y prenez déterminent le montant du pourboire :

> Restaurant modeste : 15 % de l'addition avant les taxes
> Restaurant luxueux : 20 % de l'addition avant les taxes
> Maître d'hôtel : Aucun pourboire ; s'il vous offre la meilleure table, un pourboire de 20 $ sera bien vu
> Sommelier : Aucun pourboire
> Restaurant Apportez votre vin : 2 $ par bouteille.
> Buffet : 10 %.
> Comptoir Fast Food : Aucun pourboire.
> Bar : 15 % du montant avant les taxes.
> Café : 10 % du montant avant les taxes.

Informations générales concernant les pourboires :

> Taxi : 10 % ou encore rien du tout, sauf pour l'ouverture d'une portière. 2 $ pour des valises mises dans le coffre, 1 $ par valise.

> Valet de stationnement : 3 $ à 5 $ par portière ouverte.

> Portier d'hôtel : Aucun pourboire.

> Chasseur : 2 $ par valise.

> Livreur de restaurant : 10 %.

> Vestiaire : Facultatif.

> Pompiste : Rien pour l'essence, 0.50 $ pour laver le pare-brise.

> Livreur d'épicerie : 1 $.

2. Le départ

Demandez à votre invité s'il est prêt à partir. La personne voudra peut-être aller à la salle de toilette avant de partir. Accompagnez votre invité jusqu'au vestiaire. L'homme aidera la femme à mettre son manteau avant de mettre le sien. Si le préposé au vestiaire remet le manteau de l'homme en premier, celui-ci attendra le manteau de madame avant d'enfiler le sien.

Si madame doit mettre des bottes et qu'il n'y a aucune chaise, l'homme peut la soutenir par le bras pour qu'elle ne perde pas l'équilibre. L'idée est de se rendre utile si nécessaire. ⊖

Les gens n'apprécient pas
de se faire toucher lors
des premières rencontres.

Le savoir-vivre au quotidien

Maintenant que vous avez décidé de poursuivre votre relation, maintenez vos bonnes habitudes. L'attention que vous porterez à votre partenaire, votre écoute et votre délicatesse vous donneront les meilleures chances qui soient.

1. Les déplacements

Les déplacements sont une excellente occasion de prouver votre galanterie et de manifester l'attention que vous portez à l'autre, surtout si vous êtes un homme. Les femmes sont généralement sensibles à ces gentillesses.

Vous allez chercher votre partenaire en voiture chez lui ou à son bureau

Si vous êtes un homme, sortez de votre voiture, ouvrez la portière à votre passagère et aidez-la à s'asseoir en lui tenant le bras. À l'arrivée, laissez votre invitée à la porte de l'établissement avant de garer la voiture.

Que vous soyez un homme ou une femme, la propreté de votre véhicule communiquera des informations révélatrices sur votre personnalité ; une voiture en désordre pourrait signifier que vous ne portez pas attention aux détails, que vous êtes négligent et que vous ne respectez pas les besoins des autres. Les odeurs de pizza oubliée ou de fumée de cigarette, ou pire, de cigare, sont repoussantes et peuvent donner mal au coeur à votre invité.

De même, la façon dont vous conduirez votre véhicule révélera à votre invité une partie de votre personnalité. Le moment est très mal choisi pour sortir votre doigt d'honneur! La rudesse au volant dénote souvent de l'agressivité dans les relations avec les autres.

Vous prenez un taxi

Lorsque le taxi arrive, l'homme ouvre la portière arrière, côté trottoir, et aide la femme à monter. Il referme la portière et monte dans le taxi, du côté de la rue.

Les portes

Devant une porte coulissante manuelle, l'homme fait glisser la porte, laisse passer la femme, passe à son tour et referme la porte derrière lui.

Devant une porte coulissante automatique, l'homme et la femme peuvent passer le palier en même temps.

Devant une porte tournante, l'homme met la porte en action et entre en premier en ne faisant pas tourner celle-ci trop rapidement.

Devant une porte qui doit être poussée, l'homme passe d'abord et tient la porte ouverte pour la femme.

Devant une porte qui doit être tirée, l'homme la tire et la tient ouverte pour que la femme passe en premier.

Les escaliers

La règle de base est d'emprunter les escaliers comme une rue, c'est-à-dire du côté droit. À la descente, l'homme se place devant la femme pour pouvoir amortir sa chute si elle tombe. Il peut aussi descendre en lui tenant le bras, mais devra se tenir une marche plus bas devant elle. À la remontée, l'homme monte derrière la femme. Il peut aussi monter en lui tenant le bras, mais devra se tenir une marche plus bas derrière elle.

Pour les escaliers roulants, la même étiquette s'applique, sauf que l'homme aide la femme à accéder à l'escalier roulant et l'aide à en descendre en lui tenant le bras.

Les ascenseurs

À l'entrée, l'homme tient la porte ouverte de la main et invite la femme à pénétrer à l'intérieur de l'habitacle. L'homme entre ensuite et appuie sur l'étage désiré. À la sortie, l'homme sort en premier, tient la porte ouverte de la main et invite la femme à sortir de l'ascenseur.

2. Les cadeaux

Les cadeaux sont les témoins de l'attention que vous portez aux autres. Cet aspect est à ne pas négliger si vous voulez faire bonne impression, autant chez votre partenaire que son entourage.

Ne choisissez pas un cadeau en fonction de ce que vous aimeriez recevoir vous-même – comme une scie à onglets pour belle-maman. Posez des questions à propos des goûts de vos hôtes et choisissez un cadeau qui correspond à leurs habitudes de vie, leurs préférences gastronomiques ou leur environnement.

Choisissez un cadeau de prix moyen. Vous ne voulez mettre personne dans l'embarras avec un cadeau très cher ou faire sentir à votre partenaire ou votre hôte que vous n'êtes pas reconnaissant de l'invitation avec un cadeau bon marché.

Assurez-vous que les prix ont été retirés et présentez votre cadeau dans un emballage impeccable et non recyclé. Offrez votre cadeau à l'hôte ou l'hôtesse après les présentations. Ne vous attendez pas à ce que l'hôte ou l'hôtesse ouvre le cadeau immédiatement et n'y faites pas allusion. C'est son choix de le faire ou non. Ce que vous voulez susciter, c'est la joie de votre hôte et non l'embarras de votre partenaire.

Si vous êtes invité à manger chez vos amis ou votre famille, offrez le cadeau en votre nom à tous les deux. Si vous êtes invité chez les amis ou la famille de votre partenaire, offrez le présent en votre nom.

3. Les réceptions publiques, les soirées et les cocktails

Les réceptions publiques peuvent s'avérer un peu plus stressantes, surtout si vous ne savez pas comment agir. Voici un cours d'étiquette abrégé.

Inviter son partenaire

Que la réception soit formelle ou informelle, assurez-vous de transmettre l'invitation à votre partenaire quelques jours avant l'événement pour lui donner le temps de se préparer. Informez-le du code vestimentaire à respecter pour la soirée et faites les arrangements pour l'arrivée à la fête. Surtout si le bal costumé s'est transformé en réception BCBG, n'omettez pas de l'en avertir : vous ne voulez pas que votre petit lapin soit le seul de son espèce.

Répondre à une invitation

Que l'invitation se fasse par téléphone, courriel ou courrier, vous avez 48 heures pour y répondre. Il est préférable de répondre par téléphone pour que vous puissiez vous informer du code vestimentaire, de l'heure d'arrivée, des coordonnées précises du lieu et des facilités de stationnement.

Il faut remercier la ou les personnes qui vous ont invité dès le lendemain de la réception. Si c'est une réception formelle, envoyez une carte de remerciement. N'utilisez jamais le courriel, trop impersonnel. Si c'est une soirée informelle, téléphonez à la personne pour la remercier.

Service de valet

Si vous utilisez le service de valet pour le stationnement, versez un pourboire entre 3 $ et 5 $ chaque fois que le préposé déplace votre voiture.

L'heure d'arrivée

Il est primordial de respecter l'heure à laquelle vous êtes convié. Arrivez à l'heure ou avec pas plus de 10 minutes de retard. N'arrivez pas à l'avance, car il y a des choses à propos de votre hôtesse que vous ne voulez peut-être pas savoir !

Cocktail

Les présentations – Présentez la personne qui vous accompagne en donnant son prénom et son nom. Il faut utiliser le « vous » et non le « tu ».

Les consommations – Assurez-vous que votre invité a de quoi boire. Buvez avec modération pour garder votre tête et ne pas commettre de bévues qui pourraient vous coûter votre nouvelle relation. Il n'y a rien de gênant à commander une eau minérale.

S'absenter sans fausser compagnie –Si vous devez vous absenter pour quelques minutes, excusez-vous auprès de votre invité et assurez-vous que la personne ne soit pas laissée seule. Entamez une conversation avec une ou plusieurs personnes avant de vous absenter pour que la personne qui vous accompagne puisse continuer la conversation durant votre absence.

Tenir une conversation – Posez des questions ouvertes afin d'encourager une conversation intéressante. Écoutez plus que vous ne parlez. Si vous voulez passer à un autre groupe, remerciez la ou les personnes de s'être entretenues avec vous et souhaitez-leur une bonne soirée.

Danser – Il est de mise de demander à l'autre personne si elle a envie de danser. Si elle refuse, n'insistez pas… Pour le plaisir des yeux de tous, peut-être fait-elle très bien de décliner l'invitation.

Les conversations à table

Les conversations se font avec les personnes assises à notre droite et à notre gauche autour d'une table ronde. Elle peuvent aussi s'étendre jusqu'à la personne d'en face si la table est rectangulaire. Même si vous découvrez beaucoup d'affinités avec un de vos voisins de table, ne négligez pas pour autant les autres convives. Personne ne devrait se sentir isolé durant le repas.

Le moment du départ

Dans un contexte formel, vous devez remercier la personne qui vous a invité lors de votre départ. Vous pouvez saluer les personnes avec qui vous vous êtes entretenu le plus durant la soirée si elles sont près de vous. Vous n'avez pas à faire le tour d'une grande salle pour saluer tout le monde.

Dans un contexte informel, il y aura probablement moins de gens, donc il est de mise de saluer tous les participants. Vous devez remercier personnellement la personne qui vous a invité.

4. Les amis et la famille

En investissant temps et efforts dans vos relations avec les amis et la famille de votre partenaire, vous contribuez aussi à la vitalité de votre couple.

L'heure d'arrivée – Respectez l'heure d'arrivée, surtout si vous êtes invité à manger. Vous ne voulez pas être responsable d'un repas sec ou trop cuit.

Les présentations – Si vous rencontrez des membres de la belle-famille pour la première fois, votre compagne ou compagnon devrait vous présenter. Souriez, serrez la main et regardez la personne dans les yeux.

Faire la bise ou la poignée de main – Si c'est une première invitation, la poignée de main est de mise. Si la belle-famille fait un geste pour vous faire la bise, ne refusez pas.

Les conversations – Intéressez-vous aux autres. Complimentez les hôtes sur leur décoration, la nourriture servie, si vous le ressentez vraiment. Un faux compliment sera immédiatement détecté.

Offrir votre aide – Vous pouvez offrir votre aide à la cuisine, pour la mise en place de la soirée ou pour débarrasser la table. Si l'hôte refuse, n'insistez pas. Certaines personnes ne se sentent pas à l'aise avec des invités dans leur cuisine. ☻

Être indécis n'est pas attirant.

Si vous hésitez toujours à prendre une décision pour vous-même, comment pourrez-vous prendre une décision pour une famille ?

De vivre une relation vient en premier, le statut de la relation suivra.

La première rencontre avec les enfants

Quand introduire les enfants

Il n'existe pas d'étiquette spécifique à ce sujet car c'est un jugement qui relève des partenaires et non d'un comportement ou d'un geste dicté par la société. Ces situations font parties de la vie privée et doivent être gérées comme telles. Elles demandent du discernement de la part des parents. L'intérêt des enfants devrait être privilégié.

Ce sujet est complexe vu le nombre de scénarios possibles :

> Un seul des partenaires a un ou des enfants ;

> Les deux partenaires ont des enfants ;

> Un seul ou les deux partenaires ont des enfants en bas âge ;

> Un seul ou les deux partenaires ont des adolescents ;

> Un seul ou les deux partenaires ont des enfants adultes ;

> Un des partenaires a des enfants en bas âge, l'autre des adolescents ou des enfants adultes ;

> Un seul ou les deux partenaires ont la garde partagée de leurs enfants respectifs ;

> Les enfants n'acceptent pas que leur mère ou leur père fréquente quelqu'un, etc.

Avant d'introduire les enfants, les partenaires devront s'assurer :

> qu'ils se sentent en confiance l'un avec l'autre ;

> qu'ils aient déjà discuté de leurs enfants ensemble ;

> qu'ils aient confiance que leur nouvelle relation s'annonce prometteuse et solide ;

> qu'ils aient mit sur place un plan d'action pour que les enfants se sentent à l'aise et qu'ils puissent partir rapidement si quelque chose ne va pas ;

> qu'ils aient parlé de leur partenaire à leurs enfants avant la première rencontre ;

L'endroit de la rencontre ou l'activité se décidera entre les deux partenaires, en fonction de l'âge des enfants. ☺

Votre situation financière : quand et comment en parler

Parler d'argent n'est jamais amusant. Quand une relation devient sérieuse, le sujet des finances est destiné à surgir un jour ou l'autre. Que vous soyez beaucoup endetté ou que vous rouliez sur l'or, il y a un moment et un lieu pour aborder ce propos délicat.

Quand le moment viendra de discuter de votre situation financière, il y aura plusieurs éléments à considérer. En premier lieu, il faudra déterminer le quand et, dans un deuxième lieu, le comment. Les trois phases de la relation qui sont présentées ici (en détails à la page 59) vous donneront des pistes sur le propos du sujet et la façon de l'aborder au stade préliminaire de la relation, quand la relation se développe et grandit, puis lorsque celle-ci est devenue sérieuse.

Quand divulguer votre valeur financière ou votre endettement

Relation au stade préliminaire

Si vous en êtes à une première sortie, il n'y a aucune bonne raison pour discuter de cela. Évitez de mentionner que vous possédez un voilier de 125 000 $ ou que vos dettes d'études sont comparables au PIB d'un petit pays en voie de développement. Faire mention de cela à ce stade-ci pourrait vous nuire. Ces révélations feraient ombrage à d'autres éléments beaucoup plus importants. Vous pourriez faire peur à l'autre en lui annonçant que vous êtes endettés. Par conséquent, les éléments positifs de votre personnalité pourraient ne pas être considérés à leur juste valeur.

L'autre verra votre situation financière comme étant énorme, plutôt qu'une petite partie de qui vous êtes. Il n'y a vraiment aucune raison valable de précipiter cette discussion. Quand vous apprenez à connaître quelqu'un, vos dettes ou vos actifs ne devraient jamais être discutés.

La relation en développement

Au début d'une relation, votre situation financière n'est l'affaire de personne. Mais quand votre relation prend une direction sérieuse, elle commence à devenir l'affaire de l'autre. Il ne faut pas non plus que votre partenaire ait le sentiment que vous lui cachez quelque chose ou que vous n'avez pas été honnête. Si la situation était inversée, vous aimeriez savoir ce qui se passe. Est-il temps d'aborder le sujet ? Il est primordial que vous ayez confiance en votre partenaire. Ainsi, il sera approprié d'en parler. Si ce n'est pas le cas, alors le moment n'est pas venu d'aborder la question financière de façon détaillée.

La relation est sérieuse

Si divulguer votre situation financière trop tôt n'est pas recommandé, attendre trop longtemps n'est guère mieux. Vous ne voudriez pas vous engager sérieusement dans une relation sans aviser votre partenaire que vous avez accumulé des dettes outrageuses ! La ligne à traverser entre la relation en développement et la relation sérieuse est très importante. Les détails de votre situation financière feront surface éventuellement, n'attendez pas pour en parler. Vous ne voudriez surtout pas que votre partenaire se sente floué parce que vous lui avez caché des informations importantes. Vous tenez à votre partenaire, il faut éviter de créer un climat d'incertitude.

Comment aborder le sujet de vos dettes ou de vos actifs

Relation au stade préliminaire

Malgré qu'il ne soit pas recommandé de le faire, il est possible que le sujet soit abordé et que vous soyez d'accord pour en discuter. Jusqu'à ce que vous ayez appris à vous connaître davantage, gardez le sujet simple et restez en surface. Ayez toujours en tête que votre partenaire pourrait voir votre situation financière plus problématique qu'elle ne l'est en réalité, puisque vous n'avez pas eu l'occasion de vous exposer complètement en tant qu'individu. Peu importe la quantité d'informations que vous serez prêt à divulguer, restez authentique et évitez de présenter une image différente de qui vous êtes vraiment.

La relation en développement

Maintenant que votre couple est rendu à un certain stade de maturité, vous pouvez laisser aller la discussion dans ce sens à un moment propice pour partager vos portraits financiers. Par exemple, vous discutez des éléments de stress dans vos vies respectives, et vous abordez vos projets d'avenir. Laissez aller la discussion naturellement vers les finances. Vous n'aurez donc pas l'impression de faire une confession. Vous sentirez plutôt que vous vous ouvrez naturellement et honnêtement à l'autre. La conversation prendra un tournant nouveau et vous permettra d'évoluer vers des sujets plus profonds et personnels.

La relation est sérieuse

Maintenant que vous avez traversé les étapes préliminaires de la relation, il est grand temps de vous ouvrir sur le sujet des finances, surtout si votre situation est précaire. Il ne faut plus retenir la discussion et avoir à expliquer par la suite pourquoi vous avez attendu si longtemps pour en parler. N'oubliez pas que votre partenaire se doute déjà de l'état de vos finances, selon ce que vous lui avez dit, votre style de vie et le genre de sorties que vous suggérez... Il faudra discuter ouvertement maintenant. Parlez de vos peurs, de vos réserves. Aidez votre partenaire à comprendre ce qui vous rend inconfortable. Au point où vous en êtes dans votre relation, il est capital que vous construisiez votre relation sur des fondations solides de confiance et d'honnêteté.

Peu importe quand ou comment vous parlerez de vos finances, un climat de confiance mutuel doit régner. Si vous faites confiance à votre partenaire et que vous savez ses intentions et motifs honnêtes, alors il est temps de vous ouvrir sur les hauts et les bas de votre situation financière. Si la confiance ne règne pas en maître, laissez tomber. Il n'y a aucune raison de précipiter les choses!

La seconde chance : Comment savoir si elle est méritée et désirée.

Établir une relation à long terme oblige à franchir plusieurs étapes et à passer parfois à travers des moments difficiles pour le couple. Si votre tendre moitié devient la source de tous vos problèmes, comment savoir si c'est le moment de rompre la relation ? Comment avoir l'assurance qu'offrir une deuxième chance sera profitable ?

Si vous vous posez ces questions, c'est que vous avez probablement rencontré plusieurs moments difficiles. Si vous êtes la personne qui a vécu le plus de douleur dans la relation (vous avez été, par exemple, la victime de mensonges ou d'infidélités), il est fort possible que vous soyez devant un dilemme important.

D'un côté, vous aimez votre partenaire et vous souhaitez rester engagé dans la relation «pour le meilleur et pour le pire». D'un autre côté, vous réalisez à quel point il est important de vous protéger et de prendre soin de vous. Vous pressentez que viendra inévitablement le moment où vous vous direz : «Assez, c'est assez !»

Mais comment savoir si ce moment est bel et bien arrivé ? Comment être certain qu'il est trop tard pour panser les blessures, qu'il ne sert à rien de donner une seconde chance ? La réponse à cette question ne relève pas de l'évidence. Il existe cependant des signes qui ne trompent pas quand vient le temps de prendre cette décision pour votre bien-être personnel et pour le bien de la relation.

La seconde chance est justifiée si :

Vous avez une bonne raison de continuer à y croire

Depuis le début de votre relation, vous avez appris à connaître votre partenaire à un niveau d'intimité avancé. Si depuis un moment, vous avez des doutes fondés sur son authenticité ou ses motifs, alors il est probablement le temps de rompre la relation. Si votre partenaire a déjà démontré des signes d'engagement et d'implication envers la relation à plusieurs reprises, et qu'il a gagné votre confiance avec le temps, alors donner une seconde chance sera juste et méritée.

Il est probable qu'il change

Si vous avez de bonnes raisons de croire que votre partenaire a grandi et qu'il a apprit de la douleur à laquelle vous avez été soumis, alors une seconde chance peut être offerte. Attention : dans cette situation, il ne suffit pas de se repentir. Il faut que vous sentiez que vraiment, il est probable, non pas seulement possible, que votre partenaire change et que vous êtes prêts à investir ensemble dans le travail que cela demandera.

Il y a réellement des circonstances atténuantes

Soyez prudent avec cela, vous ne voudriez pas offrir une seconde chance avec la trop simple excuse « Ce n'était pas ma faute ». Il peut vraiment arriver des situations qui expliquent que quelqu'un n'agit pas comme d'habitude. Considérez simplement ce fait.

Les bénéfices substantiels de la relation vous motivent à oublier et à régler le problème

Soyez honnête : toute relation doit faire face à ses problèmes. Vous acceptez ce fait si vous récoltez des avantages positifs de la relation. Mais il faut prendre une décision quand la pression est trop forte et que les bénéfices retirés ne sont plus suffisants. Par contre, il ne faut JAMAIS rester dans une relation où vous êtes maltraité ou n'êtes pas respecté.

Une deuxième chance n'est jamais justifiée si :

Vous êtes certain que la personne ne changera pas

Il faut être honnête avec vous-même. Écoutez votre cœur, votre raison. Au fond, vous savez si vous serez blessé à nouveau. Si c'est le cas, il vaut mieux rompre la relation. C'est toujours difficile, mais il faut parfois dire non – et vraiment le penser – quand vous savez que cette personne ne mérite pas votre confiance. Si on ne vous traite pas comme vous le méritez, c'est déjà trop tard.

Si votre partenaire a déjà utilisé sa seconde chance et que la situation problématique se reproduit, il faut faire face à la musique. Un écart de conduite n'est pas un mauvais pli. Mais si, au contraire cet écart se reproduit sans cesse, soyez réaliste. C'est préférable de rompre la relation.

Vos proches tentent de vous ramener à la réalité

Si les gens qui vous connaissent par cœur vous disent de laisser tomber, il faudrait peut-être écouter. Peut-être ont-ils tous tort ! Mais si vous êtes honnête avec vous-même, vous savez que vous devriez au moins écouter ce que vos proches ont à vous dire et considérer leur opinion. Il est possible que tous ces gens aient raison – ou se trompent - quand ils vous disent de rompre la relation. Si vous déterminez qu'ils ont raison, prenez la décision qui s'impose.

Quand votre partenaire ne peut s'en empêcher et que ça n'arrêtera pas

C'est très difficile de constater que la personne que vous aimez vit une dépendance. Si votre partenaire décide d'y faire face et d'aller chercher de l'aide pour s'en sortir, vous pouvez envisager de considérer la seconde chance et d'offrir votre support. Si votre partenaire refuse d'aller chercher de l'aide, alors il vous faudra prendre la douloureuse décision de rompre la relation. Vous ne pouvez pas encourager un comportement récurrent indésirable. En offrant toujours une chance supplémentaire, vous ne vous aidez pas et vous n'aidez pas plus votre partenaire.

Les signes présentés ci-haut émanent tous d'un principe de base : prenez soin de vous. Si pour cela vous devez pardonner et travailler fort pour faire avancer la relation, qu'il en soit ainsi! Prendre soin de vous veut aussi dire que vous êtes assez respectueux et honnête envers vous-même pour comprendre s'il faut rompre la relation. Bien sûr, cela ne se fera pas sans douleur. Mais pensez simplement au monde de possibilités qui s'offrira à vous quand vous serez libéré et que vous avancerez vers le futur. ☺

Travaillez fort pour être charmant.

Ce n'est pas parce que vous paraissez bien que vous aurez automatiquement une seconde rencontre.

Les hommes aiment les femmes qui prennent les devants, qui spontanément leur envoient un courriel ou les sortent en ville.

Distinguez avec succès les 5 types de relation
et sachez éviter les pièges

« C'est à partir de nos relations que nous, les humains, arrivons à mieux nous satisfaire. Quand celles-ci viennent à manquer et nous nous tournons vers les objets afin de combler nos besoins. » Angus D.

Quiconque souhaite bâtir une relation saine passe invariablement par une série d'étapes caractéristiques. Dans le but de faciliter votre projet de rencontre, nous vous proposons de vous familiariser avec ces étapes, puis de les suivre délibérément en mettant en pratique un plan d'action qui vous permettra de placer toutes les chances de votre côté. Notre expérience nous a amené à observer que les personnes qui suivent ces étapes augmentent leurs chances de succès et de satisfaction au sein de leur relation. Ces étapes correspondent à des niveaux de relation allant du superficiel à l'engagement.

Il faut du temps pour bâtir une relation durable. Il faut surtout que vous acceptiez de prendre le temps qu'il faut pour obtenir les résultats escomptés. Un amour durable ne se manifeste pas dès la première rencontre. Le fait de prendre conscience immédiatement des différences entre les niveaux de relation vous permettra de vous situer, vous et votre partenaire. Ainsi, vous serez en mesure de mieux profiter des diverses situations dans lesquelles on vous suggérera des partenaires. Lorsqu'une personne se situe à un certain niveau d'interaction et de réflexion, et que son partenaire se trouve à un niveau différent, les attentes ne sont pas les mêmes. Cela amène à des malentendus, des conflits, des difficultés et même des ruptures, alors qu'il aurait suffit de reconnaître et de clarifier à quel niveau se situait le partenaire au départ. Cela provoque des situations dans lesquelles, par exemple, vous estimez que votre partenaire ne vous apporte pas tout ce qu'il devrait vous apporter, alors qu'il vous donne exactement ce qu'il a toujours eu envie de donner.

1. La relation superficielle (stade préliminaire)

Le premier niveau correspond à une relation superficielle. Cela correspond généralement avec le fait d'agir avec désinvolture avec un ou plusieurs partenaires, sans trop d'investissement de votre part et, surtout, sans engagement. Par exemple, vous avez un rendez-vous avec un ami avec qui vous êtes sorti à quelques reprises, ou avec quelqu'un que vous rencontrez par hasard pendant une fin de semaine de ski, ou avec votre femme de ménage ou votre secrétaire... Une relation superficielle peut, à un moment, être sexuelle et, à un autre moment, être non sexuelle. La sexualité n'est plus, de l'avis de plusieurs, un indicateur d'intimité dans notre culture. Il est important de reconnaître que, si un homme ou une femme désire avoir une relation sexuelle avec vous, cela ne signifie pas nécessairement que cette personne recherche une relation intime avec vous. Elle peut tout simplement avoir envie d'une relation sexuelle de passage, pour le plaisir.

Piège

Vouloir développer une relation intime avec des personnes qui ne cherchent pas la même chose que vous, c'est vous engager dans une relation destructrice, autant pour l'un que pour l'autre, même dans le cas de relations de première étape caractérisées par des relations à court terme sans engagement. La plupart de vos relations demeureront alors réellement superficielles.

Moyen d'éviter le piège

Intermezzo Montréal considère que les relations superficielles peuvent, dans un premier temps, se révéler un moyen d'évaluer si les différences impondérables d'une relation (par exemple, l'odeur de la personne) constituent un obstacle à la poursuite de la relation ou non. Il convient donc d'être fin observateur du potentiel que peut receler votre première rencontre, les plus et les moins, sans y accorder, à ce stade-ci, une plus value démesurée. En effet, à trop vouloir vous faire rapidement une idée définitive de la relation à partir de vos premières impressions, vous risquez de saboter votre projet.

2. La relation de connaissance (stade préliminaire)

Il y a relation de connaissance quand deux personnes s'associent dans le but de partager une activité en commun. Dans une relation de connaissance, l'activité est plus importante que la personne choisie avec qui l'exercer et cette dernière, par conséquent, devient interchangeable – et c'est très bien ainsi.

Par exemple, vous avez un ami avec qui vous aimez aller au cinéma. Que se passe-t-il si vous appelez cet ami et lui demandez d'aller voir le dernier film de Steven Spielberg ? Il peut répondre qu'il voudrait faire quelque chose d'autre, alors vous n'avez qu'à téléphoner à quelqu'un d'autre pour aller au cinéma. Il est ici permis de dire non, en reconnaissant que, avec cette personne, vous vous situez à un niveau de relation de connaissance. Il faut absolument éviter tout partage trop intense à ce niveau. Ne parlez pas de ce qui a été difficile pour vous dans la vie, ceci appartient à une étape suivante. Faites connaissance en parlant de la personne que vous êtes, de vos activités, de vos intérêts, de ce qui vous tient à coeur. Gardez un esprit ouvert aux changements, n'essayez pas de tout prévoir. Avant de se lier d'amitié, il faut se connaître et il est essentiel de ne pas négliger cette étape. Faire connaissance requiert du temps. En quelques heures, vous ne pouvez pas connaître une personne. Vous avez une impression de la personne, mais vous ne la connaissez pas. Évitez de juger trop rapidement. Vérifiez votre première impression. Prenez votre temps. Le programme qu'Intermezzo Montréal a bâti pour vous vous offre toute la latitude nécessaire : profitez-en. Donnez-vous quelques rencontres avant d'arrêter votre opinion.

Piège

Prendre part à l'activité en pensant que c'est avant tout grâce à la personne qui vous accompagne que vous en éprouvez autant de plaisir, et non pas grâce à votre choix d'activité ou simplement parce qu'une foule d'éléments propices s'enlignent de la bonne manière. La seule chose que souhaite cette personne bienveillante, peut-on présumer, c'est de passer un bon moment en votre compagnie et de partager une activité qui lui plait également. Ne pas comprendre ceci vous causera bien des désillusions si la personne refusait éventuellement de vous accompagner dans une autre activité.

Moyen d'éviter le piège

Naturellement, vous souhaitez prendre part avec votre partenaire à des activités que vous appréciez tous les deux. Cela ne vous empêchera pas de vous adonner à d'autres activités en son absence, de même que votre partenaire pourra aussi de son côté participer à des activités différentes des vôtres. Voilà pourquoi il est important de se rappeler que les activités ne constituent qu'un aspect de la relation.

Une façon de déterminer si vous vous situez, à ce stade-ci de la relation, sur le même plan que votre partenaire, réside dans la prise de conscience de la satisfaction que vous éprouvez tous les deux à vous adonner à une même activité. Évitez toutefois d'exagérer l'importance de cette prise de conscience et ne lui accordez pas plus de valeur qu'elle n'en a.

3. La relation d'amitié (stade de développement)

Dans une relation d'amitié, deux personnes s'associent dans le but d'avoir du plaisir et de se soutenir moralement. Quand vous avez un ami, c'est la personne qui est importante et l'activité, secondaire. En d'autres mots, lorsque vous êtes dans une relation d'amitié, vous appelez un ami, vous dites que vous voulez passer du temps avec lui et, ensuite, vous choisissez l'activité que vous désirez partager. Par exemple, si vous voulez aller au cinéma et que votre ami ne le veut pas, vous changerez d'activité parce que votre objectif premier est de passer un moment ensemble. Vous passez de plus en plus de temps non planifié avec cette personne et vous laissez la relation progresser de façon à vous rapprocher de plus en plus.

Voici un exemple de problème qui survient lorsque deux personnes établissent un rapport à deux niveaux de relation différents à ce stade-ci de la relation : Mario et Carole, sa partenaire, reviennent du travail. Mario meurt d'envie d'aller au cinéma alors que Carole se sent très seule et aimerait passer une soirée intime avec lui. Mario est orienté vers l'activité et aimerait aller voir un film avec une connaissance. Carole, elle, est orientée vers l'amitié et elle veut un ami avec qui passer la soirée.

Mario et Carole ne reconnaissent pas les différents niveaux de relation car ils n'en ont jamais discuté. Alors que Mario privilégie la relation de connaissance et invite une femme au cinéma, Carole, elle, a besoin de la relation d'amitié et lui répond : « *Je n'ai pas envie de sortir, je préfère regarder la télévision ou encore écouter de la musique et parler.* » Mario répond : « *Bien, je vais appeler Jean et aller voir le film avec lui.* » Il y a incompréhension de part et d'autre. Carole se fâche : « *Tu ne te soucies pas de moi, tu ne m'aimes pas.* » Mario lui répond : « *Ah ! que les femmes sont compliquées ! Qu'est-ce que ça peut bien faire si je vais au cinéma ?* » Chacun se situe à un niveau de relation différent. Les attentes de l'un ne sont pas les mêmes que celles de l'autre, ce qui amène inévitablement de l'insatisfaction. Les faiblesses de l'autre peuvent, dans le cas où elles sont identiques aux vôtres, vous mettre dans une situation dangereuse (crédit, sexe, colère, etc.).

Les exemples ne manquent pas. Ainsi, vous sentez maintenant que vous aimez beaucoup quelqu'un, mais vous ne voulez pas encore commencer à explorer l'aspect physique de la relation.

Moyen d'éviter le piège

Le désir sexuel est une émotion complexe. Vouloir à tout prix agir sous l'impulsion de celle-ci, que ce soit la vôtre ou celle de votre partenaire, vous mènera presque certainement à l'échec. Reconnaissez d'abord la valeur de la personne et appréciez l'amitié que vous ressentez pour elle, puis évitez d'exercer une pression sur votre partenaire afin d'obtenir une intimité physique ou psychique à laquelle il ne pourrait répondre pour l'instant.

4. La relation amoureuse (relation sérieuse)

Lorsque la personne devient très importante pour vous et que vous avez discuté de vos besoins respectifs et de ce que vous attendez d'une relation, l'amitié se transforme en amour véritable, soit le quatrième niveau. À ce stade, les partenaires échangent passion, sensualité et sexualité. Dans 90 % des cas, les relations qui survivent sont celles dont la sexualité émerge d'une base amicale, alors que la relation a progressé en suivant toutes les étapes.

Le but d'une relation d'amour est d'avoir un ami avec lequel vous avez des relations sexuelles. Si vous avez une relation sexuelle avec quelqu'un d'autre qu'un ami, vous êtes dans une relation superficielle. Le processus d'intimité exige que les besoins fondamentaux de chaque partenaire soient nommés, reconnus et respectés.

Vous avez franchi les trois premières étapes. Vous avez rencontré superficiellement quelqu'un qui vous plaisait (niveau 1). Vous l'avez observé sans aucun engagement, en tant que connaissance (niveau 2). Vous vous êtes posé les questions : « Est-ce que cette personne me plaît fondamentalement ? » et « Est-ce que je me sens bien en sa présence ? » (niveau 3). Une fois que vous avez admis le fait que vous vous sentez bien en compagnie de cette personne, que vous avez fait plus ample connaissance et que la relation s'est développée en amitié solide, vous êtes maintenant à la quatrième étape : l'amour véritable est à votre portée.

Piège

Les paramètres de votre vie ainsi que votre façon de vivre peuvent ne pas convenir à la personne que vous aimez et vice versa. La famille, les enfants ou la situation économique peuvent constituer des facteurs importants de déception, en dépit de l'amour que vous portez à l'autre.

Moyen d'éviter le piège

Du rapport superficiel au rapport amoureux, gardez toujours en tête, à tous les stades de la relation, les buts que vous poursuivez. Prenez bien note de vos progrès. Aussitôt que vous prenez conscience qu'il y a des divergences significatives quant à vos besoins et à vos désirs, partagez-le avec votre partenaire. Restez attentif et présent et, si nécessaire, demandez à votre partenaire de clarifier ses intentions.

5. L'engagement amoureux (relation sérieuse)

Une fois que vous êtes amoureux, il y a encore de la route à faire et le niveau suivant est le plus intéressant : que votre amour se transforme en association fonctionnelle et engagée. Vous partagez votre vie avec votre partenaire. Vous vivez des expériences ensemble, vous en discutez et vous partagez vos sentiments. Votre relation devient un espace d'accueil où vous pouvez être entièrement vous-mêmes, avec vos qualités et vos défauts. Vous êtes en sécurité et ainsi, vous pouvez vivre dans l'intimité. Vous prenez l'engagement d'honorer les besoins physiques, émotifs et sociaux de votre partenaire dans un monde réel. Traditionnellement, cet engagement prenait corps avec le mariage. De nos jours, cette union peut se concrétiser avec autant d'intensité en vivant sous le même toit ; vivre ensemble ou cohabiter sont les avenues modernes de l'engagement. Plusieurs de nos membres se rendent jusqu'à cette étape ultime et c'est un grand privilège pour Intermezzo de les accompagner tout au long de cette démarche.

Piège

L'atteinte de ce niveau ne signifie pas que vous pourrez vous asseoir sur vos lauriers pour autant. Il se peut notamment que des problèmes irrésolus refassent surface et que l'occasion rêvée vous soit donnée, en compagnie de votre nouveau partenaire, de les aborder de front. C'est pourquoi il ne faut pas nécessairement voir l'émergence d'une situation négative comme une erreur. C'est le moment ou jamais de régler vos problèmes une fois pour toutes.

Moyen d'éviter le piège

Peu importe les circonstances, il est impératif de poursuivre la communication avec votre partenaire car c'est lui qui, grâce à son engagement envers vous, vous assistera dans votre cheminement personnel vers une destinée heureuse. Ayez confiance en vous et en votre partenaire pour bâtir la relation.

Résumé

Votre meilleur outil pour saisir chaque occasion qui se présente dans votre recherche d'une relation satisfaisante, c'est votre habileté à reconnaître le niveau où vous vous situez personnellement au sein d'une relation. Fort de cette connaissance, vous serez en mesure de trouver la meilleure avenue face aux enjeux auxquels vous aurez à faire face.

Chaque fois que vous vous apercevrez que votre relation n'est pas tout à fait à la hauteur de vos attentes, votre premier réflexe devrait être de vous demander si votre niveau de relation concorde avec celui de votre partenaire. Si ce n'est pas le cas, il vous faudra alors vous ajuster. Si la situation n'offre pas d'avenir, il faudra rompre la relation. Rappelez-vous que votre partenaire est différent de vous et que, par conséquent, vous ne pouvez pas vous attendre à ce que ses réactions soient exactement pareilles aux vôtres. Vous devez respecter la personnalité de l'autre et si, après un travail d'introspection rigoureux, il vous apparaît que votre partenaire ne présente pas suffisamment de points en commun avec vous, il vous faudra alors décider s'il convient de changer votre propre comportement, d'accepter tel quel celui de l'autre ou de mettre un terme à la relation. ⊜

L'étiquette, en conclusion

L'étiquette telle que présentée dans ce petit guide n'est pas limitative ou contraignante, bien au contraire. L'étiquette est un moyen efficace d'être propulsé, tel un bon vin, au top du classement des valeurs sûres.

Obtenez vous aussi le sceau A.O.C. – Avenant(e). Outrageusement désirable. Coquin(e) – mais soyez prudent, cette étiquette peut provoquer divers effets secondaires :

- Peut relâcher les inhibitions
- Peut prédisposer aux aveux
- Peut exacerber les sensations

Laissez ensuite doucement mûrir. Et devenez un grand cru de la séduction à consommer bien accompagné. ⊜

Les gens célibataires ne savent pas nécessairement tous comment agir quand ils se rencontrent. Vous n'êtes pas seul.

37 points de réflexion

« Évaluer vos amis et assurez-vous qu'ils augmentent vos habiletés à rencontrer des gens du sexe opposé, et non qu'ils les diminuent. Il est acceptable d'avoir des amis avec qui vous socialisez et d'autres avec qui vous allez au cinéma ou regardez la partie de football. »

« Parce que vous paraissez bien, cela ne veut pas dire que vous aurez automatiquement une seconde rencontre. Travaillez fort pour être charmant. »

« Avoir des relations sexuelles au téléphone lors de la première rencontre est inapproprié. Pas d'exceptions. »

« Votre âme soeur est la personne avec qui vous vous imaginez marcher dans la rue dans 15-20 ans, riant des mêmes choses et trouvant les mêmes choses fatigantes. »

« Les gens célibataires ne savent pas nécessairement tous comment agir quand ils se rencontrent. Vous n'êtes pas seul. »

« Les gens se créent des histoires dans leur tête à propos de qui ils vont rencontrer avant même de les avoir vus. Ces fantasmes font que la réalité est très difficile à accepter. »

«Les gens n'apprécient pas de se faire toucher lors des premières rencontres. Retenez-vous jusqu'au moment approprié, ce qui n'est habituellement pas le cas pendant la première heure de la rencontre.»

«La plupart du temps, rien de bon ne se passe lorsque vous avez des relations sexuelles lors de la première rencontre, à l'exception d'un peu de plaisir sexuel (et les vibrateurs existent pour cette raison). Ne le faites pas.»

«Ne testez pas votre partenaire lors d'une rencontre. Vous n'êtes pas à l'école. Et évitez les interrogatoires en règle.»

«Ne pas s'asseoir à la française (c'est-à-dire du même côté de la table) dans un restaurant à moins d'avoir embrassé la personne au moins une fois ou que cette personne vienne de la France.»

«Les hommes charmants sont avec les plus belles femmes. Et vice versa.»

«Vous ne pouvez pas cultiver un homme dans une boîte à pétri. Cela ne fonctionne pas – plusieurs l'ont essayé.»

«Si vous avez rencontré beaucoup de gens célibataires qui n'étaient pas faits pour vous mais qui étaient quand même de bonnes personnes, devenez «matchmaker» amateur. On récolte ce que l'on sème.»

«Les gestes d'affection devraient être réservés exclusivement aux gens qui signifient quelque chose pour vous et devraient être spéciaux pour chaque personne. Sinon, ces gestes ne veulent rien dire.»

« Ne soyez pas trop dur avec vous-même lors d'une première rencontre. Comment quelqu'un peut-il vous apprécier si vous ne vous appréciez pas vous-même ? »

« Un petit « bâillon » sur la vérité est correct lors des premières rencontres car trop d'informations peuvent être perçues négativement. Votre partenaire n'a pas à tout savoir sur vous au tout début. »

« Les gens qui utilisent un intermédiaire, comme un service de rencontre, ne sont pas désespérés. Ils n'ont pas de temps à perdre et désirent vivre une relation intéressante. »

« Toujours porter un soutien-gorge et une culotte assortis – on ne sait jamais qui va les voir. »

« S'il y a un vide dans une conversation, faites un compliment. Les gens adorent se faire complimenter. »

« Quand un homme décide qu'il ne veut plus vous voir, ce n'est jamais à cause d'une petite chose que vous avez faite. Par exemple, ce n'est certainement pas à cause du vêtement que vous portiez et qui vous faisait paraître plus grosse ou à cause de l'haleine que vous aviez à ce moment-là. C'est quelque chose de plus substantiel, quelque chose à laquelle l'homme a pensé pendant un moment. »

« Utiliser un prétexte pour proposer à une femme de sortir n'est pas la meilleure façon de procéder. Soyez un homme - demandez lui tout simplement. »

« Si vous ne changez pas, vous serez toujours le même ! »

« Ne présumez pas que la personne que vous rencontrez ne voit pas d'autres personne seulement parce que vous avez cessé de rencontrer d'autres personnes. »

« Les gens en relation passent, en général, leurs fins de semaine ensemble ou au moins le samedi soir. »

« Les hommes prennent plus de temps que les femmes à devenir exclusifs dans leurs relations. »

« Les relations de vacances ne sont pas souvent des relations durables. »

« Parfois, plus vous serez sociable, plus vous vous sentirez seul. »

« Si vous cherchez toujours la meilleure entente ou celle qui a le plus d'éclat, vous risquez de manquer la personne qui se tient devant vous. »

« Les femmes ne peuvent pas avoir de relations sexuelles sans attachement affectif, sans exception. »

« Une fois que vous vous intéressez vraiment à quelqu'un, vous seriez surpris de la quantité de « il devrait être » que vous allez jeter par la fenêtre. »

« En tant que femme, vous devriez toujours attendre que ce soit l'homme qui vous dise « je t'aime » en premier. Si vous le dites la première, vous allez lui faire peur. »

Intermezzo
montréal

« Quelques hommes sont attirés par les femmes qui prennent un soin méticuleux d'elle-même ; par contre, la plupart ne le sont pas. »

« Il y a certaines personnes avec qui ça clique et certaines autres avec qui ça ne clique pas. Ne forcez pas les choses. »

« Votre partenaire a besoin que vous lui fassiez sentir qu'il est spécial pour vous, pas juste n'importe qui. »

« Être radin est mauvais, peu importe le cas. »

« Si le sexe était intense avec votre ex, chaque fois que vous le reverrez, immanquablement, vous risquez d'avoir des relations sexuelles »

« Tout le monde veut se faire aimer. »

L'étiquette et les sites de rencontres : tout ce qu'ils ne vous dévoileront jamais …

1. Gardez vos espérances hautes et vos attentes basses

Considéré comme tabou dans le passé, être membre d'un site de rencontres en ligne n'est plus un petit secret embarrassant. Mensuellement, une moyenne de plus de 25 millions de visiteurs uniques navigueraient sur ces sites. Avec autant de célibataires à la recherche de l'âme sœur, l'aura négative entourant les sites de rencontres s'est aujourd'hui dissipée. Mais avant de vous dépêcher à aller vous inscrire sur un site, tenez compte de ceci : les statistiques ne seront pas en votre faveur. Ce n'est pas qu'en naviguant que vous trouverez ce que vous cherchez. C'est l'expérience de la rencontre face à face qui vous confirmera si cet individu est réellement le reflet de la personne que vous désirez.

2. Les sites de rencontres prospèrent à condition que vous ne trouviez pas ce que vous cherchez

Plus vous cherchez, plus vous avez besoin du site en question. Imaginez un instant la situation suivante : tous ceux qui cherchent trouvent ! C'est la faillite du site.

3. Vous êtes un match potentiel avec tout le monde.

Plusieurs sites de rencontres utilisent des formules complexes, classées comme secrets professionnels, pour vous jumeler. Prenez garde puisque souvent, elles sont gardées secrètes afin de ne pas être étudiées et jugées inefficaces par des experts externes. Personne ne sait si les formulaires de profils de personnalité en ligne fonctionnent vraiment. Si vous désirez à tout prix avoir un service individualisé, référez-vous à une agence de rencontres. Les tarifs sont certes plus élevés, mais les conseillers prendront le temps de vous connaître et ils assumeront leur responsabilité si vous avez été jumelé maladroitement.

4. Le mensonge est facile dans l'univers des sites de rencontres en ligne.

Quand Catherine Longtin a accepté la proposition de face-à-face avec un homme contacté sur un site de rencontres très fréquenté, elle a été plutôt déçue. Se présentant comme un propriétaire d'entreprise, l'homme qu'elle s'attendait à rencontrer était très différent de celui qui était devant elle. Elle est devenue méfiante quand elle a remarqué que ses vêtements étaient troués. Mais le coup dur est arrivé quand la serveuse a reconnu l'homme et qu'elle s'est informée de sa copine… Que cet homme ait été sincère ou pas, la déception qu'a ressentie Catherine était bien réelle, et le jeu de séduction n'aura été que du temps perdu. À la lumière de ce fait, on comprend qu'il est facile pour les célibataires en ligne, d'étirer la vérité pour obtenir des rencontres. Les gens décrivent souvent la personne qu'ils aimeraient être plutôt que celle qu'ils sont vraiment. C'est pour cette raison que Rambo1000 ajoute quelques centimètres à sa taille ou que Annajolie72 affirme qu'elle adore le gym, bien qu'elle n'y soit pas allée depuis des semaines. Gardez donc l'esprit ouvert et sachez que si vos critères de recherches sont trop limités, vous perdrez plusieurs possibilités de rencontres intéressantes.

5. Il y a toujours moins de membres actifs que ce qui est annoncé.

Le problème est le suivant : il n'y a aucun incitatif pour le site à révéler la vérité parce que plus il y de profils, le mieux ils paraissent. Plusieurs sites de rencontres vous donnent accès gratuitement aux profils des gens de leur réseau. Mais il vous faudra payer quand vous voudrez entrer en contact avec une personne en particulier. Les questions qui suivent sont sans réponses : qu'est-ce qui vous assure que les gens qui vous intéressent sont des membres actifs, donc facilement rejoignables? Si vous n'obtenez pas de réponse, comment saurez-vous si cette personne était;

A) non-membre, donc n'a jamais reçu votre message?

B) pas intéressée?

La déception est monnaie courante sur les sites de rencontres. Les experts estiment qu'au mieux, 10 à 15 % des usagers deviennent des membres actifs. Donc, au moins 90 % des profils pourraient appartenir à des usagers inactifs sur les sites de rencontres, particulièrement sur les sites gratuits. Ne vous attendez pas à voir cela changer, puisque plus grand est le nombre «d'utilisateurs», plus le site est populaire.

6. Tomber en amour trop vite avec «Amsterdam75» peut être dangereux.

Vous connaissez à peine les personnes contactées. Comme si naviguer entre les mensonges et les faux-départs n'était pas suffisant, il vous faut aussi être vigilant face aux fraudeurs. Ils réussissent généralement à embobiner les gens qui sont à la recherche d'une jolie personne. La «fraude romantique» est la plus répandue sur les sites de rencontres en ligne, mais aussi la plus difficile à arrêter. Cela commence souvent quand un homme membre actif commence à recevoir des messages d'une femme trop jolie pour être vraie qui dit être d'une région éloignée. Évidemment, ils développeront rapidement une complicité et elle voudra venir le voir, mais aura besoin d'un billet d'avion ou d'argent pour l'essence. Il lui envoie l'argent et puis, plus de nouvelles de la jolie femme. C'est facile de se dire «Wow! cette personne pourrait être la bonne…» mais quel risque!

7. C'est à eux que leurs garanties profitent, notamment celle de vous garder sur le site.

Si on se fie aux statistiques de succès des sites de rencontres, vous avez presque autant de chances de rencontrer l'âme sœur à l'épicerie du coin. Alors comment font les gros sites de rencontres pour honorer leur garantie et leur «promesse de six mois»? En fait, leur assurance n'est pas de trouver l'amour. En lisant les petits caractères, vous réaliserez qu'ils font très attention de ne pas vous promettre que vous rencontrerez la personne spécifique que vous recherchez. Ils vous promettront simplement que si vous ne l'avez pas trouvée, vous aurez plus de temps pour chercher, à leurs frais. Vous n'avez même pas l'option de vous faire rembourser. Les consultants de l'industrie confirment que trop souvent, les garanties offertes sont une façon simple et peu coûteuse de vous garder sur le site. Cela leur permet ainsi de conserver un gros trafic mais surtout, c'est pour eux un excellent outil de vente.

8. Il faut user de patience.

Vous vous êtes inscrit sur un site, avez élaboré et peaufiné votre profil et vous avez même libéré votre fin de semaine. Vous êtes donc complètement prêt à rencontrer quelqu'un, non? Malheureusement, ce n'est pas si simple que ça. Il ne suffit pas de larguer son profil dans la banque d'information d'un site pour que vous ayez une rencontre rapidement. L'univers des rencontres en ligne a son propre rythme et ses rituels qui demandent du temps.

9. Service à la clientèle… Quel service à la clientèle?

Ce n'est pas tout le monde qui vivra le même niveau d'expérience avec les rencontres en ligne. Selon les experts, environ un utilisateur sur 10 profite réellement de ce qui est annoncé et attendu, soit communiquer avec les autres membres dans le but de vivre une relation dans l'univers réel. La majorité des utilisateurs n'auront pas cette chance. C'est que seulement 10 % des utilisateurs reçoivent 90 % des messages. Les sites de rencontres en ligne ne font pas du service à la clientèle une priorité. Alors, ne vous attendez pas à recevoir d'aide de leur part. Un gigantesque bar virtuel, c'est un peu ça, les sites de rencontres en ligne.

10. Vous n'avez probablement pas besoin de tous les extras offerts par les sites, eux en ont besoin.

Malgré la popularité grandissante des sites de rencontres, et surtout leur acceptation parmi la population, l'industrie n'a pas connue une augmentation majeure de son chiffre d'affaires – moins de 1 % entre 2007-2008. Le marché des rencontres en ligne est tout simplement saturé. En conséquence, chacun se doit d'être créatif. Les sites de rencontres doivent se démarquer afin de vous attirer chez eux et de vous faire dépenser le plus possible. Vous devrez donc parfois payer un extra pour recevoir des alertes indiquant qu'on a ouvert votre courriel, ou pour agrémenter votre profil afin qu'il ressorte du lot. Mais, avez-vous réellement besoin de tous ces extras inutiles?

11. Bonne chance pour mettre fin à votre abonnement!

On dit que rencontrer la bonne personne en ligne est difficile, mais vous n'avez rien vu : annuler votre abonnement tient souvent de l'exploit. Les plaintes les plus souvent reçues par le Bureau d'éthique commerciale concernent les frais qui continuent d'être perçus sur votre carte de crédit après que vous ayez annulé votre abonnement. Des actions judiciaires sont en cours présentement à ce sujet. Alors quoi faire si cela se produit? Bien entendu, les sites de rencontres ne sont pas enclins à réparer une erreur qui leur a été profitable. D'emblée, ils ne seront pas réceptifs à votre demande. Si le remboursement s'avère coriace, contactez votre compagnie de carte de crédit et demandez-leur de bloquer ces transactions. ⊖

Inter**mezzo**
montréal

Bibliographie

- BRUNGER, Keven. Personal Image.

- DANIELS, Samantha. Matchbook. New-York : Simon & Schuler, 2005.

- DEMARAIS, Ann et Valerie White. C'est la première impression qui compte - Qu'est-ce que les gens pensent de vous ?

- BEAUCE : Les Éditions Transcontinental, 2006.

- SALVAS , Ginette. L'étiquette en affaires. Montréal : Les Éditions Québecor, 2003.

Intermezzo Montréal fête son 15e anniversaire!

Depuis 15 ans, Intermezzo Montréal concrétise la volonté de milliers d'hommes et de femmes qui souhaitent être heureux à deux. Basée sur les affinités des candidats, notre technique exclusive éprouvée nous permet de les accompagner à réaliser leur objectif : amorcer une vie à deux des plus enrichissantes. Intègre, compétente, fiable et discrète, notre équipe est l'intermédiaire idéal auprès de ses clients : offrir une attention efficace tout en leur prêtant une oreille sensible et attentive tout au long de leur rencontre.

Visitez notre site Web : www.intermezzomontreal.com

15e
anniversaire

Remerciements

En premier lieu, je tiens à remercier les hommes et les femmes qui nous ont consultés et qui prennent en main leur destinée relationnelle en s'inscrivant à l'agence Intermezzo. En nous demandant de leur présenter une personne, il nous ont révélé leurs expériences intimes, nous donnant ainsi l'accès à ce qui se vit à des milliers d'exemplaires quand deux personnes se rencontrent.

Toute ma reconnaissance va à mes collègues de travail, Marie-Hélène Couture, Josiane Delisle, Pierrette Couture, Sarah Papadomanolakis, Maude Ouellet, ainsi qu'aux précieux et fidèles collaborateurs : Pierre Nadeau, Angus Dorrance, Mini Dallosto, Nathalène Armand de Meens, Marie-Claude Aubut, Benoit Granger, Laurent Rabatel, Mathieu Bernatchez, Ester Thomassin, Hélène Côté, Réviseuse et spécialement à Angèle Mailloux, la muse d'Intermezzo.

Je veux également remercier tous les gens qui nous ont questionné sur les comment et les pourquoi on fait les choses, sur ce qui fonctionne et ce qui ne fonctionne pas, nous obligeant à nous dépasser et à faire de notre agence un service de rencontres digne des attentes des gens.

Je suis reconnaissant envers les gens des médias qui nous invitent à dévoiler nos services et, de ce fait, nous aident à prendre confiance en nous, en tant qu'agence.

Particulièrement la relationniste Michèle Bazin, l'animatrice et chroniqueuse Louise Deschâtelets, la polyvalente Danielle Ouimet, Claire Lamarche, Caroline Proulx, Dominique Bertrand, les journalistes Martin

Laroque, André Viaux, Benoît Léger, Hélène Caire, la recherchiste Marie Allard, Stéphanie Larue, la chroniqueuse Solange Harvey, Sandra Cliche, Émilie Dubreuil, la rédactrice en chef Sandra Cliche, Lisa Boucher et l'association des femmes journalistes du Québec, Manon Chevalier, Marie-Lou Rancourt , la chroniqueuse Josey Vogels, Manuel Hurtubise, Nathalie Slight et Pierre Maisonneuve.

Notes

Notes

Notes

Notes

Notes

Notes

Notes

Notes

Notes

Notes

Le présent ouvrage publié par les
Éditions Lunch Club a été achevé
d'imprimé en décembre 2009.

Dépôt légal : 4e trimestre 2009
ISBN : 978-2-9811426-0-3